CATALOGUE
DES
GENTILSHOMMES
DE LANGUEDOC

(GÉNÉRALITÉ DE TOULOUSE)

QUI ONT PRIS PART OU ENVOYÉ LEUR PROCURATION AUX ASSEMBLÉES DE LA NOBLESSE
POUR L'ÉLECTION DES DÉPUTÉS AUX ÉTATS GÉNÉRAUX DE 1789

Publié d'après les procès-verbaux officiels

PAR MM.

LOUIS DE LA ROQUE ET ÉDOUARD DE BARTHÉLEMY

PARIS

E. DENTU, LIBRAIRE | AUG. AUBRY, LIBRAIRE
AU PALAIS-ROYAL | 16, RUE DAUPHINE

1862

Tous droits réservés.

PARIS. — IMPRIMERIE DE DUBUISSON ET C⁹, RUE COQ-HÉRON, 5.

CATALOGUE

DES

GENTILSHOMMES DE LANGUEDOC

(GÉNÉRALITÉ DE TOULOUSE)

SÉNÉCHAUSSÉE DE CARCASSONNE.

Procès-verbal de l'Assemblée générale des trois ordres de la sénéchaussée de Carcassonne (*).

17 mars 1789.

(Archiv. imp. B. III., 41. p. 294, 319.)

NOBLESSE.

Louis-Gaspard de Roger de Cahuzac, Sgr comte de Caux, ancien lieutenant des vaisseaux du roi, chevalier de Saint-Louis, gouverneur du château de Cabardès.

Catherine-Françoise Castanier de Couffoulens, baronne dudit lieu et autres places, veuve de Louis Marie de Poulpry, Sgr marquis de Poulpry et autres lieux, lieutenant-général des armées du roi.

Henri-Élisabeth de Jougla, Sgr baron de Paraza, conseiller au parlement de Toulouse.

Hyacinthe, marquis de Grave, Sgr de Saint-Martin de Toques.

Marianne-Hyacinthe, baron de Grave, chevalier de Saint-Lazare, co-Sgr du fief de Gasaigne par les Narbonne, y demeurant.

(*) Nous croyons devoir faire observer qu'un certain nombre de familles nobles ont pu ne pas figurer dans les assemblées de Languedoc (généralité de Toulouse) pour cause d'absence, de maladie ou d'abstention.
  La composition des assemblées de la Noblesse de Languedoc (généralité de Montpellier) a été donnée dans l'*Armorial de la Noblesse de Languedoc*, et complétée dans l'*Annuaire de la Province*. Nous publierons plus tard, dans cette collection, le *Catalogue* de la généralité de Montpellier.

Pierre-Paul de Cogomblis du Rivage, Sgr du fief du Rivage-les-Narbonne.
Pierre Desperonnat, Sgr de Palaja, baron de Saint-Ferriol.
Jean-Baptiste-Louis de Marquier, Sgr de Fajac.
Yves-Jean-Baptiste de Soubiran, Sgr de Bauttel et la Louvière.
Jean-Pierre de Rolland-Fourton, Sgr de Limousis.
Bernard-Antoine-Frédéric Dufay, officier au régt d'Angoulême, Sgr du fief de Lagardie, Roger, Gaugens et Nabellaguel.
François de Treil, Sgr baron de Pardaillan, La Caunette et Aigue, demeurant à Saint-Pons.
Henri Paschal de Rochegude, capitaine des vaisseaux du roi, demeurant à Alby.
Jean-Louis de Reynes, Sgr de fiefs dans le consulat d'Alby.
Jean-Baptiste-Bruno de Janin de Gabriac, Sgr direct dudit lieu et de Nadalon.
Antoine-François-Raymond, comte de Boyer, colonel du régiment de La Fère, Sgr de Malpas et Lagarrigue.
Emmanuel-François, comte d'Urre, baron de Capendu, demeurant au château d'Aubaïs.
Blaise-Alexandre-Antoine de Belissens de Cailhavel, Sgr dudit lieu, capitaine de dragons au régiment de Conty.
Jean-Marie de Bancalis de Pruynes de Maurel, marquis d'Aragon, Sgr dudit lieu et Sgr suzerain de Raissac.
Jean-Louis-Henri de Bancalis de Maurel, marquis d'Aragon, capitaine de cavalerie au régiment du roi.
Bernard-Emmanuel-Jacques de Roux, marquis de Puivert, baron d'Alzonne, major en second du régiment d'infanterie de Guienne.
Germain Pinel, Sgr de Truilhas, co-Sgr de Bise, conseiller en la cour des aides de Montpellier, y demeurant.
Jean Séré, baron de Rivières, ancien mousquetaire du roi, demeurant à Alby.
Marie-Thérèse-Françoise de Lanoy de Villeneuve, co-Sgresse de Réalmont, veuve et héritière de Antoine de Villeneuve d'Arifat, demeurant à Réalmont.
Marie-Antoine-Jacques-Benoît de Madières d'Aubaigne, Sgr de fiefs dans le consulat d'Alby.
Georges Séré de Rivières, capit. command. au régt d'infant. Dauphin.
Louise-Andrée-Victoire de Sers d'Aulix, veuve de Pierre Dupuy, Sgr de Labastide, chevalier de Saint-Louis, comme tutrice de ses enfants.
Jacques-Paul d'Aires, Sgr de Mailhoc.
Louis-Pierre-Joseph de Lavalette, Sgr de Fabas.
Marie-Thérèse de Voisins d'Alzau, épouse de Paul-Antoine-Joseph, vicomte de Pins, capitaine de cavalerie au régiment d'Orléans.
François-Marie de Chefdebien d'Armissan, chevalier de Malte, major de chasseurs au service du roi.
François-Anne, vicomte de Chefdebien d'Armissan, Sgr de Bizanet, chevalier de Saint-Louis.
Demoiselle de Ponte d'Albaret, co-héritière de noble Joseph de Ponte d'Albaret, co-Sgr d'Armissan, demeurant à Perpignan.
Jacques-Henri de Brugairoux de Saint-Massal.

— François-Marie Desmontiers, comte de Mérinville, baron de La Livinière et Ferrals, mestre de camp de cavalerie, chevalier de Saint-Louis.
— Jean-François-Joseph de Marevielle? *aliàs* Marcorelle? baron d'Escales, demeurant à Toulouse.
Jean-Joseph Devèze, demeurant à Azilhe.
— Noël-François-Marie d'Auderic de Lastours, grand archidiacre de l'église de Narbonne, administrateur des biens des enfants de Joseph-Michel de Liobet d'Auderic, co-Sgr de Gasaigne, et des enfants de noble Hercule, marquis d'Auderic.
Gabrielle de Solas, dame des fiefs de Leitière et Montlaurès, vicomtesse de Chefdebien.
— Gabriel Dupac, marquis de Badens, Sgr du lieu, y demeurant.
Pons-Marthe, marquis de Noeran, Sgr de Minerve, demeurant à Toulouse.
Jean-François Seignouret de Loubens, baron de Cesseras, Cadirac et Saint-Julien.
Joseph-François de Fournas de Labrosse, chevalier novice des ordres de Montcarmel et de Saint-Lazare de Jérusalem, officier au corps royal du génie.
Joseph de Calmes de Montazet, Sgr dudit lieu, co-Sgr de Barbaira, chevalier de Saint-Louis.
Anne-Joséphine-Eugénie-Thérèse de Sabran, veuve de François-Louis Aymar, baron de Montels, lieut. général des armées navales, commandeur de Saint-Louis et de Saint-Lazare, tutrice de son fils, demeurant à Aix.
Jean-Baptiste de Faleix de Saint-Rey, co-Sgr de Blomac, capit. d'infant.
Raymond de Rolland, juge mage, lieutenant-général en la sénéchaussée de Carcassonne.
Jean-Baptiste de Rolland de Trassanel, co-Sgr de Blomac, demeurant à Marseille.
Hercule-Joseph de Thézan, Sgr de Lapanasse, demeurant à Narbonne.
Victoire-Emerancienne de Lacroix, veuve de Henri-Guillaume de Carrion d'Espagne et de Nizas, vicomte de Paulin, chevalier de Saint-Louis, Sgr de Fontcouverte, agissant comme administratrice de ses enfants, demeurant à Montpellier.
Joseph-Hercule de la Treilhe, comte de Fozières et de Gléon, Sgr de Boutenac, chevalier de Saint-Louis, ancien colonel de dragons, demeurant à Narbonne.
Guillaume-Antoine-Etienne de Valette, demeurant à Cabrespine.
Le comte de Villeneuve-Crouzilhat, Sgr de Fontaresge-les-Canet, demeurant à Auriac.
Jean-François de Montégut, Sgr du fief de la Bourgade-les-Narbonne, conseiller au parlement de Toulouse, y demeurant.
Honoré-Joseph de Lacger, Sgr de Camplong, Saint-Martin-des-Rives et de la Trinque, lieutenant des maréchaux de France, demeurant à Carcassonne.
Marie-Anne-Thérèse de Grave, dame de Saint-Martin-entre-deux-Eaux, veuve de noble François de Grave, comte de Grave, lieutenant-général des armées du roi, commandeur de Saint-Louis, demeurant à Paris.
Charles-Joseph de Nigri-Clermont-Lodève, Sgr de Roquenégade, demeurant à Carcassonne.

Louis de Canecaude de Cumies, ancien garde du corps du roi, demeurant à Carcassonne.

Jean de Rigaud, Sgr de Corneille et des Alauzes, demeurant à Carcassonne.

Pierre-Auguste de Rigaud de Corneille, demeurant à Carcassonne, ancien mousquetaire du roi.

Jean-Louis-Arnaud de Rigaud de Corneille, lieutenant d'infanterie, demeurant à Carcassonne.

Antoine de Rolland de la Bastide, demeurant à Carcassonne.

Jean-François-Pierre de Valette, conseiller au présidial de Carcassonne, y demeurant.

Victor-Maurice de Riquet, comte de Caraman, lieutenant-général des armées du roi, grand-croix de l'ordre de Saint-Louis, commandant en chef en Provence, demeurant à Aix, Sgr du canal de Languedoc et francsbords.

Jean-François de Fleyres, demeurant à Saint-Pons, Sgr de Brians, dans Minerve.

Louis, chevalier de Vernon, demeurant à Carcassonne.

Louis-Marc-Joseph Hugonin de la Barthe, ancien officier d'infanterie, Sgr direct du fief de Lacombe-d'Angeli, demeurant à Angles.

Marguerite de Laur, Sgresse en paréage de la terre de Marmorières, y demeurant.

Jean-François-Bertrand Cavailhès, Sgr de Lasbordes, demeurant à Carcassonne.

Jeanne de Ruffan de Reynes, possédant fief au lieu de Marseillette, demeurant à Castelnaudary.

Jean-Baptiste Ducup de Saint-Ferriol, demeurant à Montoulieu.

Jean-Antoine Ducup de Saint-Paul, chevalier de Saint-Louis, demeurant à Carcassonne.

François Ducup, co-Sgr d'Homps, demeurant à Narbonne.

Marie-Jeanne-Françoise-Joséphine Ducup de Moussoulens, épouse de Joseph-Guillaume-Gaudens de Fournas de Labrosse, baron de Fabrezan, Sgr de Moussoulens, y demeurant.

Marc-Antoine, chevalier de Roqueferre, major d'artillerie, chevalier de Saint-Louis, demeurant à Caunes.

Joseph-Guillaume-Gaudens de Fournas de Labrosse, baron de Fabrezan, Sgr de Villerouge, Lapanouze et Caunettes-les-Moussoulens, y demeurant.

Antoine-François de Gailhac de Labardie, baron de Pouzols, chevalier de l'ordre de Saint-Louis, maréchal des camps et armées du roi, capitaine au régiment des gardes françaises, demeurant à Paris.

Louis-Joseph-Charles-Amable d'Albert, duc de Luynes, pair de France, marquis de Saissac, demeurant à Paris.

Louis-Pierre-Marie-Gilbert de Montcalm-Gozon, comte de Montcalm, chevalier de Saint-Louis, maréchal des camps et armées du roi, Sgr de Pechredon et fief de Combe-Cuxac, demeurant à Montpellier.

Jean-Baptiste de Portal, Sgr de Moux, demeurant à Carcassonne.

Jean-Baptiste-André de Poulhariès, Sgr de Cavanac, demeurant à Marseille.

Louis-Joseph de Portal de Laric, demeurant à Carcassonne.

Jean-Joseph-Marie de Farjonel, Sgr et baron de Puicherie, demeurant à Toulouse.

Louis-Joseph, abbé de Sapte, possédant fiefs patrimoniaux à Conques, chanoine honoraire de l'église de Carcassonne, y demeurant.

Clément-Marie-Marc-François-Joseph de Cousin, Sgr de Lavallière, officier des cuirassiers du roi, en qualité de procureur fondé de dame Thérèse de Boyer de Sorgues, veuve de noble Gabriel de Cousin, Sgresse de Vinassan et Moujan, demeurant à Saint-Sulpice.

Jacques de Mengaud de Celeyran, conseiller de la Cour des aides de Montpellier, y demeurant.

Paschal de Barthe, Sgr de la Bastide-les-Escales et de Saint-Jacques-de-Court, demeurant à Narbonne.

Nicole-Françoise d'Avignon, Sgresse de Luc, veuve de noble Jean-Antoine-Magdeleine de Niquet, président du parlement de Toulouse, demeurant à Paris.

Jacques-Louis-Guillaume de Barthe de la Bastide, demeur. à Narbonne.

Marie-Rose-Josèphe de Farjonel, Sgresse de Pradelles, demeurant à Castelnaudary.

Jacquette Caussat-Castelmaure, co-Sgresse de Portel, demeurant à Narbonne.

Jean-François-Paul-Serge Laporterie, Sgr de Roquecourbe, y demeurant.

Marie de Marcorelle, veuve de noble François-Mathurin de la Cour, co-Sgresse d'Escales, demeurant à Toulouse.

Charles de Fournas de la Brosse, Sgr et baron de Fabrezan, demeurant à Narbonne.

Catherine d'Alaux, épouse de noble Jacques de Viguier, co-Sgresse de Sales, demeurant à Narbonne.

Anne Hérail de Brisis, dame d'Ornaison, demeurant en Dauphiné.

Marc-Antoine de Brugairoux de Saint-Massal, demeurant à Peyriac.

Jean-Jacques-Antoine de Cahours, Sgr de Fenols, demeurant à Gailhac.

Jean-Pierre de Bonnaffos, demeurant à Montréal.

Jean-Pierre de Bonnaffos de Latour, co-Sgr de Montréal, y demeurant, ancien capitaine du régiment de Vexin.

Pierre-Antoine de Lespinasse, marquis dudit lieu, Sgr de Florentin, conseiller au parlement de Toulouse.

Gabriel-François-Victor-Jean-Baptiste-Marie-Bernard de Capriol, baron de Pairac, demeurant à Montréal.

Jacques-Antoine de Rivals, Sgr de Ginela, demeurant à Carcassonne.

Marc-Antoine-Claude, vicomte de Vernon, Sgr de Ginestas et d'Austrières, chevalier de Saint-Louis, demeurant à Peyriac.

Henri Dulaur, co-Sgr de Marmorières, y demeurant.

Flore Roques, veuve de noble Dominique Dulaur, co-Sgresse de Marmorières, y demeurant.

Jean-Marie-Alexandre, comte d'Hautpoul, Sgr marquis dudit lieu, Sgr de Cassagnoles, Argentières, Ventajou, Montaudet, Pomies, demeurant au château d'Hautpoul.

Joseph de Banet, conseiller au conseil souverain de Roussillon, demeurant à Perpignan, co-Sgr de Salelles.

Marie-Thérèse d'Auderic de Lastours, co-Sgresse de Vinassan, demeurant à Narbonne.

Louis-Pierre-Jacques de Pujol, baron de la Grave, y demeurant, maréchal des camps et armées du roi.
Clément-Jean-Augustin de Rey de Saint-Géry, conseiller au parlement de Toulouse, y demeurant.
Joseph Dairolles, Sgr de Lens, demeurant à Carcassonne.
Antoine de Barthès de Marmorières, maréchal général des logis du régiment des gardes-Suisses, demeurant à Narbonne.
Guillaume de Barthès, Sgr de Marmorières, demeurant à Montpellier.
Jean-Sébastien de Villagre, Sgr de Sainte-Vallière, demeurant à Saint-Papoul.
Pierre-Galet du Plessis, ancien gendarme de la garde du roi, demeurant à Montréal.
Gabriel de Lasset, Sgr de Rustiques, Labastide-du-Porge et Marseillens, demeurant à Narbonne.
Marguerite de Pairac, veuve de noble Hyacinthe-Louis de Montredon, chevalier de Saint-Louis, Sgresse de fiefs à Montredon, demeurant à Narbonne.
Jacques de Viguier, co-Sgr de Sales et de Montredon, demeurant à Narbonne.
Joseph-Pierre-Claude d'Andréossy, demeurant à Ventenac.
Victor-Antoine d'Andréossy, capitaine au corps royal du génie, demeurant à Ventenac.
Just de Montredon, demeurant à Narbonne.
Jacquette Caussat de Castelmaure, co-Sgresse du fief de Portel, demeurant à Narbonne.
Etienne de Montredon, demeurant à Villerouge.
Guillaume de Cardaillac de Saint-Rome, demeurant à Villegailhène.
François-Alexandre de Saint-Martin, Sgr de Montconil, demeurant à Saint-Martin.
Michel-Jean-Louis-Joseph de Bancalis, baron de Lormet, Sgr de Sallies, vicomte d'Ambialet, brigadier des armées du roi, chevalier de Saint-Louis, demeurant à Alby.
Henri-Bernard-Catherine de Sapte, Sgr du Puget, président du parlement de Toulouse, y demeurant.
Pierre-Joseph-Hyacinthe, comte de Caylus, chevalier de Saint-Louis, Sgr de Raissac dans Réalmont, demeurant à Toulouse.
Joseph-Marie-Gabriel-Etienne-Louis de Guillermin, baron d'Arzens, conseiller au parlement de Toulouse, y demeurant.
Jean-Anne Crepin de Pelletier, Sgr de Saint-Guilhem, major commandant pour le roi des ville haute et château de Carcassonne, chevalier de Saint-Louis.
Jacques-Amable-Gilbert, comte de Beynaguet de Saint-Pardoux, marquis de Pennautier, y demeurant, chevalier de Saint-Louis, lieutenant-colonel, commandant du bataillon de garnison de Bassigny, Sgr de la châtellenie de Cabardès et du château de Mezat-Caudebronde, Villegailhène, Villemontaussan, Labastide-Rougepeyre.
Paul Demurat, Sgr du fief de Lalande dans Pennautier, demeurant à Carcassonne.
Louis-Rigal-Joseph-Accurse d'Ouvrier, vicomte de Bruniquel, Sgr de Villegly, demeurant à Toulouse.

Etienne, comte de Vernon, Sgr de Villerambert, demeurant à Carcassonne.
Flore-Françoise Tristan de Gandailles-Dairas de Cieurac, veuve de noble Jean-Hyacinthe, marquis de Bélissens, Sgr de Millegran, demeurant à Montauban.
Guillaume d'Abadie, Sgr de Villeneuve et Taccuens? demeurant à Toulouse.
Jean-Louis-Augustin de Jean de Siran, conseiller au parlement de Toulouse, y demeurant, Sgr de Siran et d'Oupia.
François-Auguste de Portes, Sgr marquis de Portes, conseiller au parlement de Toulouse et président honoraire de la seconde chambre des enquêtes, Sgr suzerain de la seigneurie et fief de Jouanel, demeurant à Toulouse.
Damien, Sgr de Beaufort, capitaine de dragons, chevalier de Saint-Louis, demeurant à Narbonne.

De Corneille, président, doyen d'âge.
De Siran, secrétaire.
Le comte de Montcalm, président élu par l'assemblée.

SÉNÉCHAUSSÉE DE CASTELNAUDARY.

Procès-verbal de l'Assemblée générale des trois ordres de la sénéchaussée de Castelnaudary.

28 février 1789.

(Archiv. imp. B. III., 42. p. 84-104.)

NOBLESSE.

Louis-Gaston-François de Monstron Sauton, marquis d'Escouloubre, pour le comte de Lauragais.
Louis-François-Joseph de Villèle, pour le comte de Caraman.
Louis-Philippe de Rigaud, marquis de Vaudreuil, Sgr d'Isset.
Bernard-Marie-Barbe de Chalvet de Rochemonteix, pour le Sgr de Pexiora.
Jean-Baptiste-Charles de Reynes, pour le Sgr de Lasbordes M. Cavaillés.
François, marquis de Raymond, co-Sgr de Lasbordes, pour lui et pour la dame de Ménard, co-Sgresse de Lasbordes, et la dame de Monfaucon, co-Sgresse de Lasbordes.
Jean-Charles de Gouzens, pour le Sgr de Besplas.
Antoine-Catherine de Bouzat, pour M. Degaury, Sgr de Fendeilles.
Jacques de Ricard, Sgr et baron de Villeneuve.

Charles-Borromée, marquis de Roquefort, pour le Sgr de la Pomarède.
Gabriel-Florent, marquis de la Tour, Sgr de Saint-Paulet.
Jacques-Antoine-Catherine, vicomte de Raymond, pour la dame de Ferral et autres lieux.
Jean-Jacques de Serignol, pour le Sgr Descasses.
Jean-Joseph de Ferran, Sgr de Parjenière et co-Sgr direct de Peyriac.
Grégoire-Alexandre, comte de Laurent, co-Sgr de Puginier, et pour la dame de Soupex.
Jean-Germain-Marie, marquis d'Hébrail, pour le Sgr de Souilhanels, pour le Sgr de Baraigne, en son nom propre pour la terre de Canait.
Jean-Baptiste-Charles de Reynes, pour la dame de Souilhez.
— François-Géraud-Bernard de Cambolas, Sgr de Folcarde, Rieumajou, Saint-Jean-de-la-Garde et Saint-Vincent.
Antoine-Catherine de Rouzat, Sgr de Ricaud.
Bernard de Calouin, Sgr de Tréville.
Jacques-Antoine-Catherine de Raymond, vicomte de Raymond, pour la dame de Bélissens.
Marc-Antoine-Marie de Raymond de Nogarède, pour le Sgr de Molleville et Sainte-Camelle.
Jean-Pierre-Gabriel Le Roy, Sgr de la Rouquette.
Pierre-Paul-Michel-Marie Connac, Sgr de la Remijanne.
Jean-François-Mathias de Calouin, chevalier de Combalzonne, pour M. de Saint-Sernin, co-Sgr de la Terrade.
Bernard d'Olmières, Sgr de Las Touzeilles.
Barthélemy-Maurice Robert, Sgr de Saint-Félix.
Jean-François-Mathias de Calouin, chevalier, pour les Sgrs d'Auriac et Lafaget.
Jacques-Alexandre-Mathias-Auguste Dupuy, co-Sgr de Montesquieu.
Pierre-Marie-Victoire d'Avessens de Montcal, chevalier, Sgr de la Gardiole et Saint-Avid, pour la Sgresse de Cabanial, et pour le Sgr de Tarabel.
Bernard de Puybusque, co-Sgr de Montesquieu.
Jacques-Alexandre-Louis-Martial-Auguste Dupuy de Montesquieu, pour M. d'Aldeguier, co-Sgr dudit lieu.
Grégoire-Alexandre, comte de Laurent, pour le Sgr de Gardouch.
Victor Denos, marquis de Montauriol.
Louis-Jean d'Arboussier, pour la demoiselle d'Arboussier de Montégut.
Jean de Severac, baron de Beauville.
— Jean-Grégoire de Couffin, Sgr de Vales.
François-Cyr de Villeneuve, pour le Sgr de Toutens.
François de Villespassans de Forgue, marquis de Saint-Maurice, Sgr de Saint-Chameau, pour lui, la dame de Rascaze et la dame de Lasalle de David, Sgresse de Prézerville.
Joseph-Jérôme d'Espagne, pour le baron de Lanta, pour le Sgr de Maureville.
— Antoine-Joseph de Polastre, Sgr de Peyrefite et Belesta, pour lui et pour le Sgr de Corronzac et d'Aiguesvives.
Alexandre Soulages de Lamée, pour le Sgr d'Escalquens, et pour le Sgr d'Audan.

Raymond de Calouin de la Calonnière, pour la Sgresse d'Audan, et pour le marquis de Mauremont.
Louis Desguilhot de Labatut, pour le baron de Trebons.
Jean-Pierre de Cheverry, pour M. de Rayme, co-Sgr d'Aux.
Charles-Nicolas de Becane, pour la dame de Reyan, co-Sgresse d'Aux.
Pierre, marquis de Gavarret, Sgr de Valègue.
Pierre-Jacques-François-Hippolyte de Rolland, Sgr de Saint-Rome.
Jean-Anne, comte de Raymond, pour le marquis d'Hautpoul Seyre, et pour M. de Cantalauze, co-Sgr de la Garde.
Pierre, marquis de Gavarret, pour le Sgr d'Auragne.
Jean-Jacques de Polastron La Hillière, Sgr de Nouailles, pour lui, pour la Sgresse de Venerque, et pour le marquis de Mirepoix, Sgr de Pratviala.
Pierre-Cajetan de Gavarret Rouix, co-Sgr de Saint-Léon, pour lui et pour le Sgr de Gavarret, baron de Saint-Léon.
Louis-François de Robert de Canredon, pour le marquis de Fourquevaux, et pour M. de la Roque du Buisson, co-Sgr d'Auriac.
Pierre-André-Louis de Raymond de Cahuzac, pour le baron de la Bastide de Beauvoir.
Bernard-Marie-Barbe de Chalvet, pour le Sgr de Deyme.
Pierre, marquis de Gavarret, pour M. de Saint-Félix, co-Sgr de Deyme.
Jean-Baptiste-Roch-Pierre-Hilarion de Marion, pour la Sgresse de Mauvaizin, et en son propre nom pour la terre de Generville, et pour la dame de Marion Brézilhac, co-Sgresse de Laurac.
Hyon-Roger de Saint Félix, Sgr de Varennes.
Louis-Gaston-François de Monstron de Sauton, marquis d'Escouloubre, Sgr de Vieillevigne.
Louis Desguilhot de Labattut, pour le Sgr de Pontpertuzat.
Gabriel-Florent, marquis de la Tour, Sgr de Saint-Paulet, pour la dame de Sévérac, Sgresse de Juge, et pour la D^lle de Garau, Sgresse de Montlaur.
Charles-Pierre, baron du Bourg, Sgr de Sausens.
Roger-Honoré-Alexandre de Durand de Nogarède, pour le Sgr de Monestrol, et pour le Sgr d'Issus.
Yves-Jean-Baptiste de Soubeyran, Sgr de la Loubière, Boutes et co-Sgr de Sainte-Camelle, et pour M. d'Escalonne, co-Sgr de Laurabue, et pour le Sgr de Loubens.
Jean-Pierre de Cheverry, pour le Sgr de Mascarville, et en son nom comme Sgr de Prunet.
Jean-Pierre de Méja, pour Jean-François de Cheverry, autre co-Sgr de Prunet; pour demoiselle de Cheverry, autre co-Sgresse de Prunet, et en son nom comme Sgr de la Salvetat.
Jean de Sévérac, pour la dame de Cambiac.
Gabriel-François-Victor-Jean-Baptiste-Bernard de Capriol, Sgr et baron de Peyra, et pour le Sgr de Segreville.
Jean-Anne de Raymond La Nogarède, pour le Sgr de Duzac.
Jean-Pierre-Gabriel Le Roy, pour Antoine de Villette, co-Sgr de Saint-Félix.
François-Cyr de Villeneuve, pour le Sgr de Veilles.
Jacques-Grégoire de Couffin, pour le Sgr de Crouzilhac.

Jean-François Durand de Monistrol, Sgr du Mortier.
Jean-Louis, marquis de Pradines, pour le Sgr de Barra.
Gabriel-François-Victor-Jean-Baptiste-Bernard-Marie de Capriol de Payra, pour le Sgr de Dis et de Saint-Amant.
Jacques-Gabriel de Crouzet, Sgr de Zebet, pour la Sgresse de Canneville et pour M. de Durand, co-Sgr de Zebet.
Charles-Borromée de Roquefort, Sgr de Salles et de Marqueins.
François-Paul-Jean de Vandomois, pour le Sgr de Belflon, Labarthe et Milhas.
Louis-Gaston-François de Monstron de Sauton, marquis d'Escouloubre, pour le comte de Beauteville et Montclar.
Jean-Pierre-Bazile, chevalier du Perrier, pour M. du Perrier, Sgr de Monestrol.
Jacques-Paul de Raymond de Nogarède, co-Sgr de Montferran, et pour le Sgr de Cumies.
Charles-Paul de Laurent, Sgr du Castelet, pour M. le comte de Labarthe, co-Sgr de Cuq.
Charles-Paul de Laurent, Sgr du Castelet, pour la marquise de Verdalle, co-Sgresse de Revel.
Charles-César de Pydemarc, co-Sgr de Cuq-Tolza.
Jacques-François-Alexandre, comte de Villeneuve, Sgr de Gouires, pour la dame marquise de Montgey, et pour M. de Puybusque, co-Sgr de Maureville.
Louis, chev. de Thurin, p. la dame de Maureillan, Sgresse de Blazens.
Hyacinthe-Ignace Demorice-de-la-Val, Sgr de Couffinal.
Victor de Nos, pour M. du Serre, co-Sgr de Saint-Félix et Levœux.
Louis-François-Joseph de Villèle, Sgr de Mourville, Fourtanens et Campoliac, pour Guillaume de Villèle, co-Sgr de Caraman, Segreville et Campoliac.
François de Capriol, chevalier de Payra, et pour le Sgr vicomte de Calmont.
Jean-Joseph de Ferran, pour la D^{lle} de Ferran, co-Sgr de Castelnaudary.
Jean-François-Mathias de Calouin, chevalier de Combalzonne, co-Sgr de Castelnaudary.
Jean-Jacques-Marie de Serignol, co-Sgr de Vignonet.
Louis-Gaspard de Guidon de Montrepos, pour son père, co-Sgr de Vignonet.
Charles-Joseph de Gouzens, Sgr de Montolivet, et pour M. Degaury, Sgr de la Planque, co-Sgr du Mas Saintes-Puelles.
Jean-Baptiste-Charles de Reynes, co-Sgr de Saint-Laurent.
Jean-Pierre de Vandomois de Fontaine, pour le sieur abbé Darquier, co-Sgr de Vignonet.
Guillaume de Cottier, co-Sgr de Cintegabelle.
Pierre-André-Louis de Raymond de Cahuzac, pour la dame Doctory, co-Sgresse de Nailhoux.
Jean-Fulcrand de Cayla, co-Sgr de Nailhoux.
Pierre-Marie Daubuisson (d'Aubuisson), pour M. Daubuisson, co-Sgr de Nailhoux, et pour M. Degoty, Sgr de Bouisson.
Paul de Madron, co-Sgr de Villenouvelle, et pour la dame de Barthélemy, co-Sgresse de Folcarde.

Jacques de Ricard, pour M. de Rocque, co-Sgr de Montgaillard.
Alexis de Padiès, pour la D^{lle} de Rey, co-Sgresse de Donneville.
Bernard, vicomte de Puybusque, pour M. de Bourge, co-Sgr d'Issus.
Louis de Villeneuve de la Crouzille, pour Joseph-Julien-Honoré de Rigaud, co-Sgr de Lanta et de Belleville, et pour Pierre-Joseph de Rigaud, Sgr du Bousquet et co-Sgr de Lanta.
Laurent de Sévérac, pour M. de Sévérac, Sgr de la Plagniolle.
Gabriel de Sévérac de Montcausson, aussi co-Sgr de la Plagniolle.
Charles-Borromée de Roquefort, pour le Sgr de Montmaur.
Charles de Gineste, chevalier de Najac, pour M. de Gineste de Najac, co-Sgr de Revel et de Poudis, et pour la dame de Ranchin, co-Sgresse de Revel, Coffieral et Poudis.
Pierre-Hilaire de Terson de Paleville, pour Louis-Philippe de Terson, Sgr de Paleville.
Jean-Sébastien-François de Bailot, chevalier Dacher, pour M. de Puybusque, co-Sgr de Cuq-Tolza.
Joseph de Bonnefoy, pour Bernard-Paul de Dupuy, co-Sgr de Faget, Cuq-Tolza et La Salvetat.
Jean-Louis Desperandieu, pour la dame de Chauvel Desperandieu, co-Sgresse de Paleville.
Pierre-Paul de Couffin de Vales, pour M. de Durand du Faget, Sgr du fief de Rastel.
Jean-Grégoire de Couffin de Vales, pour M. le baron de Montbel, Sgr de la Fage.
Pierre-Paul de Couffin de Vales, pour M. le marquis de Thézan, co-Sgr de Cuq-Tolza.
Gabriel de Sévérac, sieur de Moncausson, pour la dame de Montgey, Sgresse de Cahuzac, et pour M. de Cordurier, Sgr de Cordurier et de Lampeau.
Marie-Joseph-Jean-Baptiste-Pascal de Ferran, habitant du Mas Saintes-Puelles
Pierre-Hilaire de Terson de Palevile, garde du corps du roi, habitant de Revel.
Pierre-Claire de Latger, garde du corps du roi, hab. de Castelnaudary.
Charles-Nicolas de Bécave, habitant d'Auterive.
Roger-Honoré-Alexandre Durand de Nogarède, capit. de cavalerie, habitant de Montgeard.
Pierre-Marie, chevalier d'Aubuisson, habitant de Nailhoux.
François-Paul-Jean de Vandomois de Fontaines, officier au régt royal Roussillon, habitant de Belflou.
Jean-Pierre de Vandomois de Fontaines, chevalier de Saint-Louis, habitant de Vignonet.
Jean-Charles, chevalier de Gouzens de Fontaines, habitant de Castelnaudary.
Jean-Louis-Thérèse de Bouzat, capitaine commandant au régt d'Hainault, habitant de Castelnaudary.
Jean-Louis Desperandieu, ancien chevau-léger de la garde du roi, habitant dans la juridiction de Revel.
Pierre-Paul de Couffin de Vales, chevalier de Saint-Louis, capit. commandant au régt de Soissons, habitant de Sorèze.

Louis-François Robert de Canredon, capit. commandant au régt de
Guienne, habitant de Sorèze.
Raymond de Calouin de la Calonnière, chevalier de Saint-Louis, habitant de Castelnaudary.
François-Cyr de Villeneuve, habitant de Cabanial.
Jean-André de Raymond la Nogarède, officier au régt du duc d'Angoulême, habitant de Castelnaudary.
Pierre-André-Louis Raymond de Cahuzac, habitant de Vignonnet.
Alexandre de Soulages de Lamée, habitant de Villasavary.
Louis, chevalier de Thurin de Coudère, habitant de Saint-Amansset.
Jean-Baptiste-Etienne Daudonnes, habitant de Fourquevaux.
Joseph de Bonnefoy, habitant d'Auriac.
Jean-Baptiste-Toussaint de Bonnefoy, habitant de Castelnaudary.
Jean-Anne, comte de Raymond, ancien officier major d'infanterie, habitant de Castelnaudary.
Jacques-Antoine-Catherine, vicomte de Raymond, chevalier de Saint-Louis, habitant de Castelnaudary.
Bernard-Marie-Barbe de Chalvet Rochemonteix, habitant de Castelnaudary.
Grégoire-Guillaume Delor, habitant d'Auriac.
Alexis de Padiès, ancien officier de cavalerie, habitant de Revel.
Paul-Joseph de Vaure, habitant de Vignonnet.
Pierre Duperrier, habitant d'Auriac.
Antoine-François Dandrossy (Andréossy), capit. d'artillerie, habitant de Castelnaudary.
Charles-Paul de Laurens du Castellet.
Louis Dastruc (Astruc), chev. de St-Louis, habitant de Castelnaudary.
Jean-Hilaire de Connac-Souillet, écuyer, habitant de Castelnaudary.
Louis-Gaspard de Guion de Monrepos, habitant de Vignonnet.
Henri-Joseph de Puymontau, co-Sgr de Cintegabelle, y habitant.
Paul de Madron, pour M. de Boucherolle, co-Sgr de Basuge.
Victor de Rolland, pour M. de Sapte, co-Sgr de Verdun.

Le chevalier de Peyra, pour le marquis de Senaux, conseiller au parlement.
Marie-Pierre-Paul de Connac, pour les D^{lles} de Rey de Roqueville, co-Sgresses de Donneville.
Jean-Hilaire de Connac Souillet, pour M. Jean-Anne-Joseph de Martin, Sgr de Bajoffre.
M. de Gouzens de Fontaines, pour M. Lenbry, précenteur au chapitre de Castelnaudary, Sgr du fief de Landorre.
Le chevalier de Couffin de Vales, pour M. David de Beauregard, possédant fief dans la terre de Couffinal.
M. de Rolland, conseiller honoraire au parlement de Toulouse, pour Mme Rouch veuve de M. Crouzet de Zebel, Sgresse sous-engagiste de Villasavary (p. 139-140).

SÉNÉCHAUSSÉE DE CASTRES.

Procès-verbal de l'Assemblée générale des trois ordres de la sénéchaussée de Castres.

17 mars 1789.

(Archiv. imp. B. III., 12. p. 59-75.)

NOBLESSE.

De Noailles, maréchal de France, représenté par M. le comte de Rodière.
Le marquis de Brassac, présent.
Le marquis de Saint-Chamond, absent.
Le comte de Thezan, présent.
La marquise de Poulpry, représentée par M. le marquis Dulac.
L'abbé de Commèyras, absent.
Le marquis Dulac, présent.
Le comte de Pins, représenté par le vicomte de Pins.
De Barbara de Boisseron, conseiller au parlement, présent.
Le comte de Toulouse-Lautrec, présent.
Le baron de Brassac, présent.
Le comte de la Barthe, présent.
Le baron de Senegas, présent.
Le vicomte d'Ambialet, représenté par M. de la Jonquière, major de vaisseaux.
Le vicomte de Travanet.
Le marquis de Travanet.
Le comte de Novion.
Le marquis de Caylus.
Le marquis de Senegas.
Le marquis de Bonne de Rouel.
Le baron d'Auxillon de Sauveterre.
Le marquis d'Auxillon de Sauveterre.
Le vicomte de Baumon.
Le marquis de Murines.
De Durand.
Galan de Calouse.
De Calvière de Saint-André.
De Compte.
Le marquis de Villeneuve d'Auterive.
De Boyer.

Le commandeur de Raissac.
Le baron de Villefranche.
Le marquis de Villeneuve, Sgr de Montredon.
De Cartoly, Sgr de Massugnies (le marquis).
Le vicomte de Flamarens.
D'Albis, conseiller au parlement.
Le baron de Brens (comte d'Huteau).
De Crussol Senneterre.
Le comte Denoir, Sgr de Cambon et de la Crousette, major du régt de dragons du colonel général.
Le chevalier Denoir de Cambon.
Denoir de Cambon.
Le marquis de la Jonquière (Taffanel).
Dulac de Montvert.
De Bonne, comte de Montmaur.
De Milhau Saint-Martin (le comte).
De La Capelle de Berlas.
Le comte de Bon de Roqueferre.
Le chevalier de Boisseron Genibrouse.
De Mongla, président de la cour des aides.
De Lastours, père.
De Lastours, fils.
De Madianne Campans.
Le comte de Perrin Lengary.
De Viviers.
De Milhau, Sgr de Saint-Martin et Roquerlas.
Debenne de Barre (de Beines).
Celaries Damiguet.
Daires (Aires).
De Madières d'Aubaigne.
Descroux.
De Frauseilles.
Du Cayla.
De Saint-André de Missède.
De Capriol.
Le marquis de Frejeville.
Le chevalier de Frejeville.
Dariffat (Arifat).
De Treil de la Vallongue.
Dupuy.
La marquise de Pipier.
Le marquis de Saint-Lieux.
Delamonsie (de Lamouzié).
Defrance.
Delezert.
Calmels de Lestier.
Jean de Beaudecourt, secrétaire du roi.
De Ligonnier.
De Gervain.
De Goudon de Malviès.

De Prudhomme Saint-Maur.
L'abbé Barthe de Raissac.
Auriol de Lasgraisses.
De Gaix.
De Ligonniers de Pernille.
De Milhau, lieut. des maréchaux de France (le vicomte).
De Falguerolles.
Depuech Calvel.
De Langlade.
De Bordoncle Saint-Salvy.
De Martinet de Cuq.
De Lacger, lieut. des maréchaux de France.
Nayrac.
Dursaut des Perausses.
Saint-Sever de Senaux.
De Gautrand de Prades.
Delanadalle d'Escroux.
De Cabanne.
De Cabanne de Rieuviel.
De Garde de Sayrac.
Corbières, Sgr de Vales.
De Vergnholles.
Isabeau de Bouffard de Madiane.
De Saint-Julien.
De Cabanne d'Ariffat.
De Lalbanie.
De Gelis de Peyrolle.
De Gabriac.
De Morlas.
De Saint-Lieux.
De Lebrun de Rabat.
De Tournier de la Salvetat.
Lafon de Caudeval.
Dupuy de Fabas (le comte).
De Bermon de Villeneuve.
De Roquefeuille.
De Raynaud de Cassègues.
De Bornhiol de la Sale.
De Laginestière Dautrivel.
De Calvière Saint-Paul.
Le marquis de Villeneuve d'Ariffat.
De Corneillan du Cayla.
De Corneillan du Travet.
Le chevalier de Sénegas.
De Palamini.
De Bermon de la Boissière.
Dupuy de Raynaud.
Charles Dupuy de la Bastide.
Debilaran, chevalier de Saint-Louis.
Depuechcary de Regarié.

De Pateau.
De la Tourrette.
Pomier de la Salle, chevalier de Saint-Louis.
Descaich de Lugan.
De Muratel, lieut.-colonel de dragons.
De Roquefeuille de Lombers.
De Larroque (Galtier).
Durand de Puget.
Germain de Vergnholles.
De Lacger de la Trinque.
Du Serre de la Mouline.
De Leyssin, archidiacre, Sgr de Lalbarède.
De Rodier du Puech.
Pierre-Antoine de Lespinasse.
De Faramon du Puget.
De Grave.
De Bénavent-Rodez.
De Pujol.
De Bouffard de la Grange, procureur-fondé de la dame de Canitrot de Lacam.
De Lastours, pour de Jougla de Poulin.
Dupuy, ancien off. de carabiniers, pour de Sales, Sgr direct de Saint-Salvy de Bonneval.
De Gartoule, pour de Carrière de Briatexte.
De Cordurier.
De Gartoule, pour Arthau, prêtre possédant fief dans le consulat de Saint-Juéry.
Denis d'Imbert, chevalier du Barry, pour Gaillard d'Imbert, possédant fief dans Mondragon.
De Barreau de Muratel, pour de Calmels de Bassevergnes.
Le comte de Royère.
Le baron de Brassac, pour de Lasbordes, conseiller au parlement, possédant fief dans le consulat de Lombers.
Henry de Suc, pour Marc de Suc, possédant fief dans la terre de Roquecourbe.
Pierre de Suc de Saint-Affrique.
Alexandre de Suc de Saint-Affrique.
Honoré de Suc de Saint-Affrique.
François de Suc de Saint-Affrique.
Paul de Suc de Saint-Affrique.
Henry de Suc de Saint-Affrique.
Henry-Jean-Louis Dolier de la Boulbène.
Le chevalier de Viviès.
Bernard Dolier de Saint-Jean.
Jean-Louis Dolier de Saint-Jean (de Farguettes).
Jean-Joseph-François de Milhau, Sgr de Saint-Martin Roquerlas, pour Demas de Massals, Sgr direct de la Crousette, paroisse de la Condamine.
Debenne, Sgr de Barre, pour Debenne, Sgr de Raissac (de Beines).
Le comte de Brassac, capit. de chasseurs à cheval.

Pierre de Babut.
De Goudon, capit. de dragons.
Charles de Goudon, chevalier, capit. de cavalerie.
Dassier de Pomeyrolles, possédant fief.
Louis-Gabriel de Dubuisson (de Ligonniers).
De Puech de Fonblanc, lieut.-colonel.
De Falguerolles de Roument.
De Perrin de la Bessière, ancien capit. de grenadiers.
De Gautrand, sieur de Larbons.
Dumas de Montcamp, lieut. des maréchaux de France.
De Fornier, ancien off. de dragons.
D'Isarn, colonel d'infanterie ;
D'Isarn, son frère, brigadier des armées du roi.
De la Tour Saint-Paulet.
Pierre de Beaudecourt.
De Goudon, pour le vicomte de Lautrec, Sgr de Montfa.
Le chevalier de la Tourette.
De Bedos, chevalier de Campan, capit. d'infanterie.
De Perrier de Durfort de la Bessière, pour lui et dame Prudhomme, sa mère.
De Larroque, commandant pour le roi au château de Ferrières.
De Bayard (baron).
De Pemille, chevalier de Saint-Louis.
Puechnière, chevalier de Saint-Louis.
Justin de Calvière.
De Bissol de Saint-Just.
De Fornier.
Le chevalier de Montcamp.
De la Vallongue, pour Depuech.
De Varvanne.
De Vigier.
Le comte de Foucauld, sénéchal, président de l'assemblée.

SÉNÉCHAUSSÉE DE LIMOUX.

Procès verbal de l'Assemblée générale des trois ordres de la sénéchaussée de Limoux.

27 janvier 1789.

NOBLESSE.

(Archiv. imp. B. III., 74, p. 33.)

De Bault, président.   Saint-Hilaire.
D'Auberjon de la Chevalinière. Saint-Gervais.

Duston de Villeréglan.
Madaillan.
De Barry Taillebois.
D'Auriol Lauraguel.
De Casteras, syndic.
De Bault.
De Marion de Brésilhac.
Belot de la Digue, lieut.-colonel de dragons.
Monysse de Pehsalamond.
De Belissens.

Le chevalier de Saint-Pierre.
De Belvèze.
De Ferrouil.
Dupuy.
Jarlan de Malras, fils.
Dupuy de Pauligne, père.
Le chevalier de Barthe.
De Veziam.
Mouisse.
D'Hélie de Saint-André.
D'Escueillens.

Assemblée du 18 mars 1789.

Messire de Cazamajor de Paza, doyen.
Le marquis de Bruyères Chalabre, président.
Messire Cassaigneau Brasse, secrétaire.

Le marquis de Puivert et M. de Cassaigneau Saint-Gervais, chargés de la rédaction du cahier des doléances.

Messire de Paza; le chevalier du Vivier; le marquis de Gléon, scrutateurs, doyens d'âge.

Le chevalier de Fajac; le chevalier de L'Huillier; de Casteras, avocat général, du conseil souverain de Perpignan, scrutateurs nommés.

Dans l'assemblée du 26 mars 1789, M. de L'Huillier, baron de Rouvenac, fut élu député, et le comte de Fozières Gléon, suppléant.

Commission pour correspondre avec les Députés.

Carcassonne.. Le chevalier de Robert d'Arquettes, syndic, et en remplacement, M. de Nègre de Villetritous.
Narbonne... Le marquis de Gléon, commissaire-syndic, et en remplacement, le comte d'Auderic.
Messire de Cascastel, père, et en remplacement, messire de Mage.
Mirepoix.... Le baron de Chalabre, commissaire-syndic, de Bellot de la Digue.
De Saint-Georges Sibra, et en remplacement, le vicomte de Lasset.
Messire de Fajac, et en remplacement, le chevalier de Maureillan-Blazens.
Aleth...... De Pratz Fauzils, commissaire-syndic, et en remplacement, Dauriol de Guillard.
De Nègre, et en remplacement, le chevalier de Niort.
Du Vivier Sarrante, et en remplacement, le chevalier du Vivier, lieut.-colonel.

Limoux. . . . De Cassaigneau de Saint-Gervais.
De Cassaigneau Brasse,
Dupuy de Belvèze.
De Casteras Villemartin.
Dauriol de Lauraguel.
Le baron de Saint-Benoist.

SÉNÉCHAUSSÉE DE TOULOUSE.

Procès-verbal de l'Assemblée générale des trois ordres de la sénéchaussée de Toulouse.

27 mars 1789.

(Archiv. imp. B. III., 148, 734-777.)

NOBLESSE.

Le comte de Portes, sénéchal.
D'Amieux, baron de Blaignac.
D'Alaux.
D'Arexy, écuyer.
D'Aulargues de Thézan. (Olargues.)
De Boussac, écuyer.
De Bardy, Sgr de Laussegur.
Le chevalier de Bouttes.
— De Boyer Raspide.
— De Boyer, marquis de Sauveterre.
— De Berger.
Le comte Guillaume Dubarry, Sgr de Renery.
De Balsa de Firmy.
De Benoît.
De Bonhiol de Pugnères.
✗ De Bertrand de Saint-Léonard.
— Le marquis de Brueys.
— Le chevalier de Brueys.
De Brun.
De Berdoulat, écuyer.
De Berdoulat, fils, écuyer du Roi.
De Berdoulat second (cadet).
De Berdoulat des Issars.
De Berdoulat, officier.
De Buisson, marquis d'Aussonne.

De Tournier, Sgr de Lamothe.
Barbaza de la Belloterie, Sgr de Saint-Victor.
De Bellegarde, écuyer.
Le marquis de Bonfontan.
— La marquise de Lordat, Sgresse d Cassagnac.
De Faure, Sgr de Massabrac.
De Bonhomme Dupin ;
— Mme de Salles, sa mère, Sgresse de Castelnau d'Estrettefonds.
— Le marquis de Bertier.
Dumas de Marveille, Sgr de Castéras.
D'Ambois, Sgr de Larbont.
Le baron de Montbel.
De Padiés.
Le chevalier Bonhomme Dupin.
— De Bertier, marquis de Montrabé.
De Montgazin, dame de Colomiers.
De Lanta, veuve Lecomte, Sgresse de Noé.
— Le président de Belloc.
De Bousquet, écuyer.
De Babut de Nogaret, père.
De Babut de Nogaret, fils.
Babut, Sgr de Lapointe-Fontlausi.
Le comte de Beaufort.
De Cadapeau, Sgr dudit lieu.
Demoiselle de Villers, pour ses possessions de la terre de Pradels.
De Caulet, marquis de Gramont.
De Corneilhan.
De Cambon, maréchal des camps.
Le chevalier de Carquet.
Le baron de Tilhet, Sgr de Montoussin.
De Cazes.
L'abbé d'Espagnés, Sgr de Mezens.
De Carquet, aîné.
Le chevalier de Cazes.
Damieux de Montbrun.
De Chauliac, écuyer.
Le marquis de Tauriac, Sgr de Villemur, Buzet, etc.
— Le commandeur de Comminges.
— Madame de Comminges, veuve de M. le marquis de Pins.
— De Comminges, marquis de Lastronques, Sgr de Montaut.
Le chevalier de Comère.
De Lacarry.
De Cheverry Lasbordes.
Dame veuve de Casteras de Larivière.
De Casteras de Larivière, fils.
Le marquis de Caumels.
De Catellan de Caumont, avocat général.
Le comte de Caylus.
— De Cahuzac, écuyer.
Le chevalier de Cottin.

De Cottin de Quintalonne, co-Sgr d'Hauterive.
De Carrère de Montgaillard.
Le marquis de Chalvet.
De Cazals.
Le marquis de Castellane.
Dame Montcalvel, épouse de M. de Castellane.
— De Cambolas.
— Dame de Bar, marquise de Castelnau d'Estrettefonds.
De Catellan de Caumont, père.
De Comère, capitaine de cavalerie.
De Chavardés, écuyer.
De Combes, écuyer.
Le chevalier de Cambon d'Auban.
Le comte de Caraman.
De Carrière de Brimond.
De Cambon, premier président.
De Riquet de Bonrepos.
De Clausolles, écuyer.
De Clausolles, fils.
De Cominihan-Dolive.
Du Menil.
De Cassagneau de Saint-Félix, Sgr de Tilhac.
De Cucsac.
De Carbon.
De Coutray du Pradel.
De Fausserie, baron de Goumes.
De Chambon.
— De Cantalause, baron de Gaure.
De Clergue de Durfort, co-Sgr de la baronnie de Cestayrols.
Jean-Bernard Daudonnet.
De Cassan-Glatens.
Le baron de Bourg, Sgr de Saussens, Francarville, etc.
De Cassagnes, écuyer.
De Courtois de Mimet, marquis de Castera.
De Chirac, écuyer.
De Cabaniel de Sermet.
Le chevalier du Cruzel.
D'Aldéguier.
Le baron Dupérier.
Le comte Dupérier.
Dupérier-Monestrol.
Le chevalier Dupérier.
Dauger de Monségur.
Le chevalier d'Aldéguier.
— Le comte de Villeneuve-Flamalens, Sgr de Flamalens, Viterbe, etc.
De Berne de Labastide, co-Sgr de Teyssode.
Desserres de Pontaut.
La comtesse de Villemur-Pailhés, Sgresse de Gragnague.
Dutrein de Verdiguier.
Dame Dutrein, Sgresse de Salerm.

D'Haumont, président du bureau des finances.
De Lafite-Pelleporc, Sgr de Mazeux en Albigeois.
Le comte Dubarry.
Dufaur Dencuns, père.
Dufaur Dencuns, fils.
D'Albouy Dupech, aîné.
Le chevalier Dalbouy-Dupech.
D'Albaret, écuyer.
Dupuy, écuyer.
Delherm de Novital, aîné.
Le chevalier de Novital.
Le chevalier d'Aguin.
Le marquis de Polastron-Lahillère, Sgr de Grepiac.
Desazars de Montgaillard.
De Borrel de Casque, Sgr de Casque.
Daspe, président à mortier.
Menoire de Beaujau, Sgr de la châtellenie de Barbe.
Daram, écuyer.
D'Azema, écuyer.
D'Izarn, Sgr de Gorgas.
Le chevalier Daram.
De Bertrand, Sgr de Motteville et autres lieux.
Le marquis d'Aubuisson.
De Guilhem, Sgr direct de Pix.
D'Aubuisson de Voisins.
Darbou de Castillon.
Dame de Cambolas, veuve de M. le baron de Gragnague.
D'Espagne, marquis de Moreville.
D'Héliot, conseiller au parlement.
D'Héliot, Sgr d'Aurival.
De Méric de Montgazin, baron de Saint-Paul.
De Rey de Belbèze.
Les demoiselles de Rey de Roqueville, Sgresses de Rouffiac.
Doujat, baron d'Empeaux.
Dame-Lecomte, veuve de M. Doujat, Sgresse de Layguede.
D'Adhémar.
Dufour de Rouffiac.
Delort, écuyer.
Le président d'Aguin.
De Boyer-Drudas, Sgr de Fronton.
Demoiselle de Sers, Sgresse de Bauzelhe.
Delort, professeur en droit.
Le chevalier Delort.
Dubourg de Rochemonteix.
De Villepassans.
De Faure, marquis de Saint-Maurice, Sgr de Saint-Amancet.
Le président d'Aigues-Vives.
D'Ortet de Ribonet.
De Saint-Hillaire, Sgr de Saint-Hillaire.
Dufas de Vignaux.

Demoiselle Angélique de Bayart.
Demoiselle Jeanne de Bayart.
David d'Escalone.
Dame Dufaur, comtesse de Bioule, baronne de Saint-Jory.
Le chevalier d'Anceau.
Desinnocens de Maurens, président à mortier.
— Le marquis de Brassac, Sgr du Bés.
Dame Daliés, baronne de Monbeton, Sgresse de Caussade.
David, conseiller au parlement.
Darquier, écuyer.
Dame de Juliard, veuve de M. de Varagne de Gardouch.
Le chevalier Desinnocens.
Dame de Solilharop, Sgresse de Saint-Pierre-de-Mons.
Demoiselle de Sainte-Affrique, Sgresse de Sainte-Affrique.
Duroux, fils.
Dubernard, professeur en médecine.
Dubernard, fils aîné.
Dubernard, second.
Le comte d'Espie.
D'Escudier de l'Estang.
Le marquis d'Escouloubre.
Le marquis de Pégueirolles, Sgr de la baronnie de Castelnau de Lévis.
Daignan.
D'Albis de Belbèze.
D'André de Servolles.
D'André de Servolles, Sgr d'Escalquens.
Dame Duthil, veuve Caumels, Sgresse du Pujol, diocèse de Toulouse.
Le chevalier d'Albis de Razengues.
Le marquis de Fontenilles.
Dame Gensac de Montmorency-Laval.
Dame de Ribecourt, épouse de M. de Polastron-Lahillère, Sgr de Brax.
De Fleury.
De Cardailhac, Sgr d'Aussendes, diocèse d'Alby.
— De Juge, comte de Brassac.
De Fajole de Pordiac.
De Fajole-Clairac.
Le chevalier de Ferran.
Le chevalier de Fleyres.
Le marquis du Fauga.
Dame veuve de Carrière, Sgresse de la baronnie de Verfeil.
— De Balby, baron de Montfaucon.
Le baron de Fleyres.
De Forest de Fages, écuyer.
De Laporte, écuyer, Sgr de Marignac.
De Favier, écuyer.
Le marquis du Faget.
Dame de Verger, épouse de M. de Pons.
De Furgole, cadet.
De Fajole, marquis de Giscaro.
Le chevalier de Gineste.

Le chevalier de Goyrans.
De Gardouch, marquis de Belesta.
Le marquis de Thézan, Sgr de la Courtensourd.
La marquise de Pons, Sgresse de Fraissignes.
De Gounon de Loubens.
Le marquis de Gavarret.
De Verdun, pour ses fiefs dans la juridiction de Cahuzac.
De Madières d'Aubaignes.
De Guibert-Castillon.
Dame de Peytes, Sgresse de Montcabrier.
De Bertrand, Sgr de Montesquieu.
De Gounon-Cournaudric.
De Gilède-Pressac.
Le chevalier de Girié.
De Savi-Gardeilh.
Bouffard de Madiane.
Le chevalier de Guibert.
Le marquis de Castelpers, Sgr de Rouffiac.
D'Avessens de Montcal, Sgr de Montesquieu.
De Guiringaud.
De Guiringaud, conseiller au parlement.
De Gargas, écuyer.
De Gounon, écuyer.
De Gounon des Changes.
Casimir de Gounon.
De Gaillard, conseiller au parlement.
Durègne, baron de Launaguet.
De Gounon, fils aîné.
De Jouve, écuyer.
De Jouve, fils.
Joly, Sgr de Tournefeuille.
Le chevalier d'Izalguier.
De Boyre-Negrin, Sgr de Negrin-Laffinarie.
De Lassalle de Préserville.
De Lapeyrie.
De Lafue d'Auzas.
De Lafue Saint-Rome.
De Lestang.
De Leblanc.
Le chevalier de Lamothe.
Dame de Roquette, veuve d'Agède, co-Sgresse de Lagardelle.
De Laforcade.
De Castel.
De Lacoste, écuyer.
De Lacour.
De Latresne, avocat général.
De Lacaze-Sarta.
De Laporte, fils, écuyer.
Dame de Solier de Gaye, co-Sgresse de Pauliac.
De la Réole, conseiller au parlement.

— 27 —

De Lamic, écuyer.
De Lacaze-Montfort.
Le chevalier de Long.
De Long, capitaine au régt de Bourbon.
De Long, possédant le fief de Belbèze, à Canals.
De Lanes, co-Sgr de Lagardelle.
De Larroquan, conseiller au parlement.
De Sapte, président à mortier, Sgr de Bussarens, Verdun, etc.
De Labroue, Sgr de Gaudelon.
De Lalenne.
De Lespinasse.
Le duc de Mouchy, maréchal de France, baron d'Ambres, etc.
De Lespinasse, marquis de Florentin, baron de Taix.
Le chevalier de Lespinasse.
De Lecomte, marquis de Latresne.
De Fontaine, possesseur du fief de Lafont, à Marignac.
De Lamothe, conseiller au parlement.
De Lasbordes, conseiller au parlement.
De Lafont-Rouis.
De Labarthe.
De Lavedan.
De Labroquère.
De Lasplanes.
De Lautard, fils.
De Labarthe, écuyer.
De Maynard, écuyer.
Pharamond, baron de la Jonquière.
De Marin, Sgr de Montbel.
De Maniban, président à mortier.
Le chevalier de Montgazin.
De Mengaud.
De Lahage, président à mortier.
De Montegut.
Le marquis de Montlezun-Pardiac.
Le chevalier de Montlezun.
De Boisfranc, héritier de M. de Roffé, Sgr de Colomiers.
De Martin de Lacroix, aîné.
Demoiselle de Progens, pour le fief de Purpan, gardiage de Toulouse.
De Martin de Lacroix, second.
De Miramon de Poussignan.
De Faure de Montauriol.
Duclos de Montauriol.
Le comte de Mengaud.
De Lahage de Madron.
De Manen, écuyer.
Le chevalier de Marrast.
De Malard.
De Miégeville.
De Marcorelle, baron d'Escalle.
Le chevalier de Massot.

De Nicol.
Le chevalier de Noël.
De Lassus.
De Nestier.
Le marquis de Panat.
De Panebœuf.
De Picot de Lapeyrouse.
De Perez, conseiller au parlement.
De Perez Saint-Loup.
Le baron de Puget Saint-Alban.
Le baron de Poucharramet.
De Pijon, écuyer.
De Paraza, conseiller au parlement.
Dubois de Boutaric-Cadars.
Le comte de Polastron Saint-André.
Le président de Portes.
Le baron de Puicherie.
De Paulo de Sainte-Foy.
De Pratviel d'Amades.
Dame de Castagnier de Couffoulens.
Le comte Pilawa Potocki.
De Prevost, baron de Fenouilhet.
De Planet.
De Percin.
De Lavalette, marquis de Montgaillard.
De Pavie, marquis de Fourquevaux.
Le marquis de Pavie.
De Poulhariès, conseiller au parlement.
Dame de Thomas, Sgresse de Cornebarrieu.
De Quinquiri d'Olive.
De Rouville, conseiller au parlement.
De Bernard de Prats, baron de Vieux, Sgr de Glatens.
De Royer.
De Roucous-Dis (Ramondis).
De Roche d'Auzielle, fils.
De Puel de Parlan, vicomte de Treban, Sgr de Parlan, Lapradèle, etc.
De Rigaud, conseiller au parlement.
De Roume, écuyer.
De Richard de Walingfort.
De Roucous-Bois-Duran.
De Ricard Lasserre.
De Rochefort, conseiller au parlement.
De Richard de Nouels.
De Roche, marquis d'Auzielle.
De Reversac de Celés de Marsac.
De Rabaudy.
De Caudie, pour ses fiefs de Saint-Simon.
De Guilhermin, Sgr de Mauzac.
De Reynal, conseiller au parlement.
De Rivals de Greusse, possédant fief à la Cagotte, Cadouilh, etc.

De Reynal, écuyer.
Rey de Saint-Géry.
Le comte de Puiségur, lieut. général, secrét. d'État, Sgr de Salvagnac.
Le vicomte de Puiségur, marquis de Trévieu et Castelviel.
De Richardot, marquis de Choisay.
De Sacaze.
De Sancené, écuyer.
De chevalier Sarreméjane, écuyer.
De Lassus de Saint-Géniez et la Cornandrie.
Demoiselle Elisabeth de Sarraméjanc.
De Sapte de Saint-Ague, ancien mousquetaire.
De Saint-Germain de Lavalade.
De Saint-Félix Colomiers.
De Trubelle, écuyer.
De Turle de Lazbrepin.
Le baron de Tegra de Caussade.
De Tardy, écuyer.
De Taverne de Lassalle.
De Vaissier, écuyer.
De Vaysse, baron de Saint-Hillaire.
De Villette de Morvilles.
De Voisins de Mirabel.
Le baron de Villeneuve de Beaulieu.
De Vaillausi, conseiller au parlement.
De Viguerie.
De Cucsac, trésorier de France honoraire.
De Vallette.
Duffaur, co-Sgr de Beaumont de Villepigne.
De la Gardelle.
De Vignes Saint-Orens.
De Vaisse.
De Roquebrune.
De Verdelhan, Sgr des Molles.
De Villeneuve d'Abadie.
De Bayne de Roure.
De Clausade, pour les fiefs de la Gache et autres.
D'Alès de Boscaut.
De Roquefeuil, co-Sgr d'Artès.
De Larrivière de Laprade, pour ses fiefs dans la baronnie de Cestairols.
Le marquis de Bérail.
De Seré, baron de Rivières et Cornebouc, D. d'Alby.
Dame de Boussac, veuve de M. de Madières d'Aubaignes.
Le vicomte de Bruniquel.
Le vicomte de Corneilban.
D'Espagne, baron de Cazals.
De Boisset de Glassac.
De Carrière d'Albine.
De Combetes de Caumont.
Le comte d'Huteau.
Le marquis d'Urre.

De Maffre, Sgr de Verds.
— D'Hautpoul, Sgr direct de Salettes.
Le Comte.
D'Alès de Boisse.
De Villers, Sgr de Labastidette.
De Facieu, possédant le fief de Beulaygue dans Rabastens.
De Fleyres de Camboulas.
Darroux, Sgr de Lasserre. (Aroux.)
De Garrigues de Ladevèze, co-Sgr de Rozières, en Albigeois.
Le chevalier de Fonbonne.
De Genton, baron de Villefranche.
D'Aires, écuyer, Sgr de Mailhoc et Villeneuve.
De Mazars de Saint-Michel, possédant des fiefs à Cordes, en Albigeois.
De Genibrouse, vicomte de Baisselon.
Le comte de Genibrouse, Sgr de Lassalle de Vergnes.
De Lagauterie.
Dame de Maffre de Verds, veuve de M. de Brassac, Sgresse de Cucsac.
Saint-Grégoire.
Le chevalier de Lapanouse.
Le marquis de Laprune-Montbrun.
Dame de Laprune, épouse de M. de Martin de Viviès, comme héritière de M. de Laprune-Montbrun, sieur de Cardanac.
De Lombard de Saigues.
Le chevalier de Saigues.
Le chevalier de la Prune.
Lafite de Pelleporc.
Dame de Clairac, épouse de M. de Genton de Villefranche, Sgresse de Mouziès.
De Seré de Lapugeterie.
De Montazet.
De Martin-Desplas.
— De Framont de la Loubière.
De Paulo.
Le baron de Bonvillars, Sgr de la Croizille.
De Raymond de Mauriac.
De Bonfontan.
Dame Dyeche, veuve de M. Raymond Tholosani.
De Roquefeuil.
Le vicomte de Solages.
Le chevalier de Solages, père, maréchal des camps, Sgr de Blaye et Saint-Benoît.
D'Isarn, comte de Frayssinet, Sgr baron de la Guépie Cestayrols.
De Tonnac de Villeneuve.
De Vignes-Colomiers, Sgr dudit lieu.
De Bayne d'Alos, Sgr du fief d'Alos, en Albigeois.
De Saint-Félix de Mauremont.
De Cahusac du Verdier, Sgr du Verdier.
De Guérin de Sagnes, Sgr du Cayla.
D'Yversen de Saint-Fonds.
— De Druilhet, Sgr direct de Fenouilhac.

- Le baron du Bousquet.
- Le comte de Barnaval.
- Dedaux de Linaret.
- De Bonloc de Cabanac.
- De Bonloc, baron de Dieupentale, Sgr dudit lieu.
- Dupuy de Goyne.
- De Pages, vicomte de Beaufort et de Caumont.
- Le marquis de Saint-Sardos Modenard, baron de Cazes.
- De Prades de Lavalette, Sgr de Larrain.
- Delfau de Bouillac.
- Ducos, vicomte de Lahite.
- De Lautard.
- De Lonjon.
- De Lonjon de Laprade, Sgr de Laprade.
- De Mazamat de Canazilles.
- De Mazamat de Lisle.
- De Malpel de La Tour.
- De Pouzols de Saint-Maurice.
- Le comte de Preissac.
- De Raymond de Redon.
- Le comte de Rouffiac.
- Le comte de Rouffiac, baron de Verlhac, Sgr de Montgaillard, Larroquette, etc.
- De Rességuier, procureur général du parlement.
- Le marquis de Reyniès.
- De Seguin-Latour, baron de Prades.
- De Mazars, Sgr d'Alayrac.
- De Rapin-Toyras, baron de Mauvers.
- De Regis de Vignes, marquis de Puylaroque.
- Dame de Montesquieu d'Hautpoul, marquise de Roquefort.
- De Saint-Gemme, Sgr de Saint-Gemme.
- De Serrurier Dubois, co-Sgr de Dieupentale.
- De Vicsé, baron de Lacourt.
- De Vacquié.
- De Vacquié, écuyer, co-Sgr dans la vicomté de Villemur.
- De Bedos de Campan.
- De Barravy.
- Le marquis de Saint-Lieux, Sgr de Giroussens.
- De Cazes de Larribaute.
- De Clauzade de Mazieux.
- De Gally, Sgr de Preignan.
- De Clauzade Deriols-Descalibres.
- De Cordrié.
- Dortet.
- De Vignes-Montbel, Sgr de Preignan.
- De Virven-Laboulbenne.
- Le vicomte Dupuy, Sgr du Tour.
- Descorbiac, baron du Bourguet.
- Dame veuve de Soissac-d'Aliès, Sgresse de Bressols.
- De Boutaric d'Azas.

Dame de Boutaric d'Azas, épouse du marquis de Bruoys.
Le président de Fajac.
Le marquis de Lévis, maréchal héréditaire de la foi, baron de Caudiès.
De Combettes-Labourrelie.
De Guibert.
Dubosquet, Sgr de Villebrumié.
De Gineste de Najac.
De Gineste de Najac, Sgr du Blanc et du Bazet.
De Labarthe, maréchal des camps, co-Sgr de Roque-Vidal et Cuq.
De Gineste de Labarthe.
Dame de Ranchin, veuve de noble de Gineste, Sgresse de Labarthe.
Le marquis Dulac.
D'Imbert de Corneilhan.
Dame de Corneilhan, veuve de M. d'Imbert de Barry, Sgr de Prades.
D'Imbert de Laval-Croze, Sgr de Saint-Jean de Tortac et Saint-Pierre.
De La Coste de Belcastel.
De Lacoste de Capdanrat, D. de Lavaur.
De Larroque du Buisson.
Dame de Canitrot de Locans, épouse du baron de Ranchin, Sgresse du lieu de Lamothe.
De Loubens, comte de Verdalle.
De Gilbert de Marsa, Sgr de Montmouse.
De Lonchamps.
Le chevalier de Bonnes de Viviès-les-Montagnes.
Le marquis de la Jonquière.
Le comte de la Jonquière, lieut. général, Sgr d'Ardielle.
De Milau-Gourjade, Sgr de Saint-Martin.
De Massabiau de Laforgue.
De Lapeyre de Saint-Paul de Capdejoux.
De Roux de Campagnac.
De Martin de Viviès.
De Perrein de Labessière, Sgr de Lasserre et Cambonet.
De Juges, Sgr de Montesquieu.
Le comte de Pins-Caucalières.
De Parazols de Montratier.
De Verdun, Sgr de Lagarde.
De Tonnac de la Calhavié, Sgr de la Calhavié.
— De Quinquiry, Sgr de Mouzens.
De Rivals de Boussac.
De Rivals de Canimont, co-Sgr de Saint-Germier.
De Terson de Paleville.
De Falgueirolle, Sgr de Burlats.
Le comte de Perrin-Langari, Sgr d'Algans.
De Vialatte de Pemille.
D'Espérandieu, co-Sgr d'Ardéal.
D'Espérandieu, Sgr de Saint-Alby.
— Le vicomte de Villeneuve-Flamalens.
— Dame d'Avessens de Moncal, épouse de M. le vicomte de Flamalens.
D'Albis, baron de Saint-Sulpice de la Pointe.
D'Avessens de Montcal.

De Bonnemain, Sgr de Lescout et Sanal.
De Bonnefoy, co-Sgr d'Algans.
De Bruyères de Lanoux.
D'Escat de Montaut.
Le chevalier d'Uston.
Le vicomte d'Uston, baron de Monberau.
— De Bazon, Sgr de Labernède et Grand-Bouzet.
D'Araignon de Villeneuve.
De Crussol, duc d'Uzès, premier pair de France, prince de Soyons.
Dufaur-Coajaze.
— De Beaudean, Sgr de Beaudean.
De Brettes de Thurin, Sgr et baron de Puy-Daniel.
D'Escat de Montaut, Sgr de Gonte-Vernine.
De Martin, Sgr de Marsac.
De Faidit, comte de Tersac.
De Faidit, chevalier de Tersac.
De Faidit de Tersac, capit. au régt d'Auvergne.
— Le comte de Foix-Fabas.
D'Icard de Pontaut, Sgr de Serisols.
D'Anceau de Mauran.
De Larroque, lieutenant des maréchaux de France.
De Lafage, baron de Pailhès.
Le baron de Saint-Félix.
De Lavelanet.
De Boutaud.
De Martin de Mailholas.
Le comte de Nattes.
Dame de Sers, baronne de Nogarède, Sgresse de Sers.
Le vicomte de Narbonne-Lara.
Le baron de Narbonne-Lara.
— D'Eimar de Palamini, lieut. des maréchaux de France.
De Vixé, Sgr de Couladère.
De Hunaud, Sgr de Laroussel.
Le marquis de Sers.
Dame de Rivals de Saint-André.
De Lagés.
Delort de Latour.
Le comte de Labarthe.
Decours, baron des Barthès.
De Taillasson, co-Sgr de Colomiers et de Saint-Martin du Touch.

LISTE DES DÉPUTÉS DES TROIS ORDRES

DE LA GÉNÉRALITÉ DE TOULOUSE, AUX ÉTATS-GÉNÉRAUX DE 1789.

CARCASSONNE.

L'Archevêque de Damas, co-adjuteur d'Alby.
Samary, curé de Carcassonne.

Le comte de Montcalm-Gozon, maréchal de camp.
— Le marquis d'Upac de Badens, ancien off. d'infanterie.

Ramel-Nogaret, avocat du roi au présidial de Carcassonne.
Dupré, négociant-fabricant, de Carcassonne.
Morin, avocat au parlement, citoyen de Saint-Nazaire.
Benazet, bourgeois de Saissac.

CASTELNAUDARY.

Guyon, curé de Baziéges.

Le marquis de Villedeuil, lieut.-général des armées navales.

Martin d'Auch, licencié ès lois.
De Guilhermy, procureur du roi au présidial.

CASTRES.

L'Evêque de Castres.

Le comte de Toulouse-Lautrec, maréchal de camp.

Pezous, avocat d'Alby.
Ricard, conseiller du sénéchal.

LIMOUX.

Cauneille, curé de Belvis.

Le baron de L'Huillier-Rouvenac.

Bonnet, avocat.
La Rade, syndic au diocèse d'Aleth.

TOULOUSE.

L'Archevêque de Toulouse.
De Chabanettes, curé de Saint-Michel, à Toulouse.
Gausserand, curé de Rivière, en Albigeois.
Pons, curé de Mazamet.

Le marquis de Panat.
De Maureins, président à mortier au parlement de Toulouse.
Le marquis d'Avessens de Saint-Rome.
Le marquis d'Escouloubre.

Raby de Saint-Médar, citoyen de Castel-Sarrazin.
Devoisins, avocat en parlement, citoyen de Lavaur.
Moussinat, avocat au parlement de Toulouse.
Campmas, docteur en médecine, citoyen de Monestier.
Fos de la Borde, docteur en médecine, maire de Gaillac.
De Lartigue, lieut.-général en la sénéchaussée de Toulouse.
Viguier, avocat au parlement de Toulouse.
Roussillon, négociant à Toulouse.

PARLEMENT DE TOULOUSE.

Présidents.

1787. De Cambon, premier président.
1769. De Sapte du Puget.
1775. De Mengaud, baron de Lahage.
Desinnocens de Maurens.
De Campistron, marquis de Maniban.

Présidents honoraires.

1738. D'Aignan, baron d'Orbessan.
1753. Le marquis de Pégueirolles.

Chevaliers d'honneur.

De Comère. ✗
De .....

Conseillers d'honneur.

L'Archevêque de Toulouse, conseiller-né.
De Cambon, évêque de Mirepoix.
De Narbonne Lara, abbé de Saint-Saturnin.

Conseillers clercs.

De Barès, chanoine, grand archidiacre de Béziers.
De Balza de Firmy.

Conseillers lais.

De Boyer de Drudas, doyen.
De Coudougnan, sous-doyen.
De Bardy.
De Montgazin.
De Blanc.
De Gilède Pressac.
De Reynal.
De Durègne.
De Pérès.
De Rey.
Le marquis de Lespinasse.
Dalbis de Belbèze.
Le marquis de Portes.
D'Azemar de Castelferrus.
De Cassaigneau de Saint-Félix.
D'Escalonne.

Conseillers honoraires.

D'Albis.
De Lassalle.
De Vaysse.
De Boisset.
De Pratz, baron de Vieux.
De Trenquelaye.
D'Héliot.
De Catellan de Caumont.
De Saint-Jean.
De Rafin.
De Vic.
De Boutaric-Lafont-Vedelly.
De Barbara de Boisséson.
De Long.
De Fajolle.

CHAMBRE TOURNELLE.

De Daspe, baron de Fourcès, président.
De Jougla, baron de Paraza, président.

Conseillers.

De Miramont.
De Montégut.
Cassand de Glatens.
Baron de Montbel.
De Carbon.
De Balza de Firmy.
De Lafont Rouis.
De Guillermin, baron de Scisses.
De Segla.
De David.
D'Aussaguel de Lasbordes.
De Mourlens.
De Miégeville.
De Poucharramet.
De Juin de Siran.
De la Réolle.
Le marquis de Pegueirolles.

CHAMBRE DES VACANCES.

Présidents.

De Maniban.   Daspe.

Conseillers-clercs.

L'abbé de Rey.   L'abbé de Cambon.

Conseillers-lais.

De Bardy.
Durègne.
De Cucsac.
De Perez.
De Montégut.

De Firmy.
De Lafont-Rouis.
De Segla.
D'Escalonne.
De Rigaud.

PREMIÈRE CHAMBRE DES ENQUÊTES.

Présidents.

D'Aiguesvives.

De Belloc de Lassarrade.

Conseillers.

De Poulhariès, baron de Saboulies.
De Lalo.
De Rey, abbé de Franquevaux.
Du Bourg de Rochemontels.
De Bonhomme Dupin.
D'Aignan.
De Larroquan.

De Cambon, clerc.
De Rigaud.
De Rochefort.
Palhasse de Salgues, chan.
De Reynal de Saint-Michel.
De Lamote.
De Ginestet.
De Fajole.

Conseiller honoraire.

De Capella.

DEUXIÈME CHAMBRE DES ENQUÊTES.

Présidents.

Daguin.

De Marquier de Fajac.

Conseillers.

Peyrot de Valhausi.
De Reversac de Celès de Marsac.
De Gaillard.
De Raymond de Mauriac.
De Rabaudy.
Belmont de Malcor.
De Caumont.
De Molineri, baron de Murols.
De Poucharramet.

De Juin de Siran.
De Labroue.
De Blanquet de Rouville, vicomte de Trebons.
De Long.
Savy de Gardeilh.
De Combettes Labourelie.
De Tournier.
De Fajole.

CHAMBRE DES REQUÊTES.

Présidents.

De Cerat   N.....

Conseillers.

De Ribonet.   Lespinasse de Florentin.
De Lacaze, baron de Villiers.   De Buisson d'Aussone.
De Cazes.   De Senaux.
Labrousse de Veyrazet.   De Tailhasson.
De Trenquelaye de Magnan.   De Guiringaud.
D'Héliot.

Conseillers honoraires.

De Nicolas.   De Villefranche.

Gens du Roi.

De Catellan, marquis de Caumont, avocat général.
De Resseguier, marquis de Miremont, procureur général.
Lecomte, marquis de Latresne, avocat général.

Gens du Roi aux Requêtes.

De Chambal, avocat du roi.
De Fraissines, procureur du roi.

Honoraires.

De Roquier, avocat du roi.
De Lautar, procureur du roi.

Gens du Roi au département des Eaux et forêts.

De Baron.   Perey.
De Latour.   Corail de Sainte-Foi.
De Salasc.   Fronton.
Manent.

Greffiers en la Cour.

De Roubin, Sgr de Longuiès.
Bourdès.
Doat.

Secrétaires du Roi.

De Ducasse, garde des sceaux.
Breschet de Vederines.
Tieux de Lasserre.
De Borel.
De Sacase.
De Vignes.
Jacques de Gounon.
De Lacombe, à Gaillac.
Caussade de Lartigue, à Castel-Sarrazin.
De Cabarrus, à Bordeaux.
De Gounon, honoraire.
Gasc de la Gineste, honoraire.

De Jussi.
De Méry.
Laborde de Martres.
Ottard.
Blancart des Sept-Fontaines.
Lacoste.
Laporte.
Rouquairol.
Ferrant de la Forêt.
Chambert de Jouarre.
Le Duc (Charles-Joseph).
Poitevin.
Wachier de Laise.

Conseillers du Roi rapporteurs-référendaires.

Mascart.
Poirson.
Fornier.
Laporte.
Bonnet.

Dat.
Lespinasse.
Ricard.
Baric.
Dabatia.

BUREAU DES FINANCES DE LA GÉNÉRALITÉ DE TOULOUSE.

Présidents.

De Lasserre, Sgr d'Haumont, premier.
De Desclaux.

Chevalier d'honneur.

De Lafitte de Vergognon.

Trésoriers de France.

Descoffres, doyen.
De Viguier.
Candie de Saint-Simon.
De Valette.
De Boutonier.
D'Olivier.
Duzerre.
De Voisins Lavernière.
De Lanes.
De Holier.
Domezon.
Duilhé.

De Pérignon.
De Pons.
De Bastide.
De Lubet.
Gardez d'Azerac.
Delpech.
Guibert de Capdenac.
Daran.
De Laporte.
Cahours de Fezols.
De Laparre Saint-Sernin.
Delpy d'Olivier.

Trésoriers Vétérans.

De Fornier.
De Cucsac.
De Foulquier.
De Bermond d'Auriac.

Maurel de Lapujade.
De Perez.
Don de Lastours.
Dufour.

Gens du Roi.

De Bazilhac, premier procureur du roi.
De Lamouzié, avocat du roi.

Greffiers en chef.

De Lavedan, Sgr de Sarniguet.
Destarac du Bartas.

SÉNÉCHAL ET PRÉSIDIAL DE TOULOUSE.

De Lartigue, juge-mage, lieut-général.
De Berrié, lieut. principal.
Demont, lieut. particulier.

Montané de Laroque, lieut. particulier.
De Ruotte, assesseur du prévôt.
De Sabalos, juge criminel.

Conseillers.

De Bellegarde, écuyer, doyen.
Carles de Lancelot.
Rimailho de Lassale.
De Compayré.
Derrey de Belbèze.
De Perpessac.
De Martin Bergnac.

D'Esparceil.
De Barric.
De Carratié.
De Corail, clerc.
D'Espigat, honoraire.
De Loubeau, honoraire.

Gens du Roi.

De Laporte-Marignac, écuyer, avocat du roi.
De Moysset, écuyer, procureur du roi.
Duroux fils, écuyer, avocat du roi.

(V. pour l'*Etat militaire* de la province, en 1789, l'*Armorial de la Noblesse de Languedoc*, t. I, p. 548-550).

Paris. — Imprimerie de DUBUISSON et Cⁱᵉ, 5, rue Coq-Héron.

EN VENTE A LA LIBRAIRIE DE MM. :

E. DENTU   FÉLIX SEGUIN   A. AUBRY
A PARIS   A MONTPELLIER   A PARIS

CATALOGUE DES GENTILSHOMMES

QUI ONT PRIS PART OU ENVOYÉ LEUR PROCURATION

aux ASSEMBLÉES DE LA NOBLESSE en 1789

PUBLIÉ D'APRÈS LES DOCUMENTS OFFICIELS

PAR

M. LOUIS DE LA ROQUE

Avocat à la Cour impériale de Paris

ET

M. ÉDOUARD DE BARTHÉLEMY

Auditeur au Conseil d'Etat, secrétaire du Conseil du Sceau des titres.

Chaque Catalogue, accompagné de l'état militaire et judiciaire en 1789 et des Chapitres nobles de la province, forme une brochure in-8°. Prix : 1 fr.

EN VENTE : Le *Dauphiné* ; *Forez, Lyonnais et Beaujolais* ; *Provence et Principauté d'Orange* ; *Haut-Languedoc.*

SOUS PRESSE : *Armagnac et Quercy* ; *Bourgogne* ; *Champagne*, etc.

Par arrêté ministériel du 23 juillet 1861, S. Exc. le Garde des Sceaux a souscrit à cette publication pour les bibliothèques du Conseil du sceau des titres, et des Cours impériales de France.

ARMORIAL DE LA NOBLESSE

DE LANGUEDOC

(GÉNÉRALITÉ DE MONTPELLIER)

PAR M. LOUIS DE LA ROQUE

L'*Armorial de la Noblesse de Languedoc*, généralité de Montpellier, comprenant le Bas-Languedoc, le Gévaudan, le Velay et le Vivarais, est en vente à Paris, chez MM. Dentu et Aubry, et à Montpellier chez M. Félix Seguin.

C'est le recueil authentique et complet des familles nobles de cette province, depuis la vérification ordonnée par Louis XIV jusqu'aux anoblissements de l'Empire et de la Restauration ; il contient plus de huit cents généalogies, quatre cents blasons gravés et de nombreux documents empruntés aux archives de Languedoc et aux manuscrits de la Bibliothèque impériale. — Deux beaux volumes in-8° raisin, franco par la poste, 40 fr.

CODE DES PENSIONS CIVILES
HISTOIRE, LÉGISLATION ET JURISPRUDENCE
à l'usage de tous les Fonctionnaires publics
PAR M. LOUIS DE LA ROQUE
Avocat à la Cour impériale de Paris.

1 VOLUME IN-12. — PRIX : 2 FR. 50 C. PAR LA POSTE.

Le *Code des Pensions civiles* est un manuel dont aucun fonctionnaire ne peut se passer ; c'est le guide le plus sûr et le plus fidèle pour connaître la nature et la durée des services qui ouvrent le droit à pension, les pièces à produire pour en obtenir la liquidation.

S. Exc. M. le Ministre de l'intérieur l'a signalé à l'attention des fonctionnaires publics dans le Bulletin officiel de son département.

ANNUAIRE
HISTORIQUE ET GÉNÉALOGIQUE
DE LA
PROVINCE DE LANGUEDOC
PAR
M. LOUIS DE LA ROQUE

1 VOL. IN-8°, ORNÉ DE 240 BLASONS, PRIX : 5 FR.

L'*Annuaire* est destiné à compléter l'*Armorial de la province de Languedoc* par l'insertion de généalogies nouvelles et par la publication de documents inédits ou peu connus, relatifs à l'histoire politique, sociale et administrative de l'ancienne province de Languedoc.

Parmi les documents intéressants contenus dans la première année, qui est en vente, nous signalons la composition de la Cour des comptes, aides et finances de Montpellier (de 1626 à 1789), avec le procès-verbal des Assemblées de la Noblesse du Puy et d'Annonay, en 1789 ; et 240 blasons des familles nobles encore représentées, dont la généalogie a été imprimée dans l'*Armorial* et dans l'*Annuaire*.

Toutes les communications relatives à cette publication devront être adressées, avant le 30 septembre, à M. Louis de LA ROQUE, 43, rue de l'Arbre-Sec, à Paris.

Paris. — Imprimerie de DUBUISSON et Cⁱᵉ, 5, rue Coq-Héron.

Paris, 30 janvier 1862.

Monsieur le Procureur impérial,

Je me permets de vous adresser le prospectus du *Catalogue des Gentilshommes*, qui, en présence de la législation actuelle, me paraît devoir fixer favorablement votre attention.

S. Exc. le Garde des Sceaux a bien voulu souscrire, par arrêté du 23 juillet 1861, à ce Recueil pour le Conseil du Sceau et toutes les Cours impériales. Il m'a semblé qu'il ne serait pas moins utile à chaque parquet pour faciliter la production de renseignements qu'on demande à MM. les Procureurs impériaux sur les questions nobiliaires, l'existence d'un titre dans ces procès-verbaux officiels, déposés aux Archives de l'Empire, étant une preuve de la plus grande importance.

Veuillez agréer,

Monsieur le Procureur impérial,

l'assurance de mes sentiments respectueux,

A. AUBRY,

Libraire-Editeur, 16, rue Dauphine.

www.ingramcontent.com/pod-product-compliance
Lightning Source LLC
Chambersburg PA
CBHW060509050426
42451CB00009B/896